Rainer Kinast

Komm mit auf die Reise

Gitarrenspielbuch für Kinder
Band 1

ISBN 3 - 926 440 - 03 -1
© 1988, 1991, 1995 by Verlag Hubertus Nogatz, Düsseldorf
3. Auflage
Alle Lieder, wenn nicht anders angegeben (s. S. 100): Rainer Kinast
Titelbild und Illustrationen: Christian Bauer
Fotos: Thomas Krull
Alle Rechte vorbehalten. Nachdruck, auch auszugsweise und Vervielfältigung
jeglicher Art sind nur mit schriftlicher Genehmigung des Verlages gestattet.

Gitarronien - das ist das Land, in dem die Gitarren klingen.
Du bist eingeladen, mit uns durch dieses herrliche Land zu reisen.

Du solltest mitbringen:

- viel gute Laune

- ein wenig Zeit,

- und etwas Geduld und Fantasie,

dann werden wir frohe Stunden
zusammen verbringen und keine Langeweile haben.

Dein Reisegepäck:

eine Gitarre

und eine gut gepolsterte Hülle

ein Notenständer

eine Fußbank

ein Notenheft

ein Aufgabenheft

ein gespitzter Bleistift und ein Radiergummi.

Komm mit auf die Reise.
Wir wollen mit und auf der Gitarre spielen,
fröhlich sein, viel Spaß haben und
natürlich auch eine Menge lernen.

Wir lernen unsere Gitarre kennen

Die sechs Hosenträger heißen **Saiten**

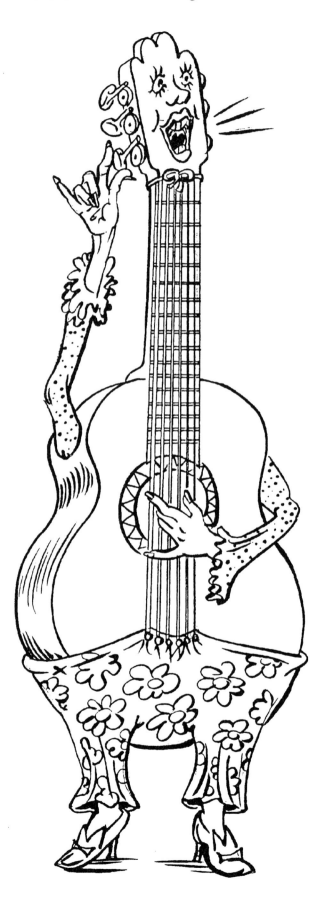

Gitarrenkopf mit der Mechanik:

Drehknöpfe, Zahnräder und Winden (Beinwellen)

Den Kragen nennt man **Sattel**

Gitarrenhals

vorne das **Griffbrett** mit vielen Metallstäbchen, die **Bünde** heißen

Gitarrenkörper

vorne die **Decke** mit dem **Schalloch** und dem **Steg** (Saitenhalter)
seitlich die **Zarge**
hinten der **Boden**

Das Gitarrentier

Male auch ein lustiges Gitarrenbild:
vielleicht ein anderes Gitarrentier oder eine schöne bunte Pflanze?

Wie klingt Deine Gitarre?

Laß den Daumen Deiner rechten Hand langsam über alle Saiten gleiten:

Was hörst Du?

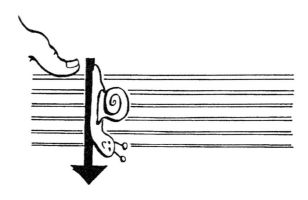

Oder schlage blitzschnell alle sechs Saiten an:

Wie klingt das?

Andere Beispiele:

Wie klingen diese Geräusche?
Probiere auch noch andere Möglichkeiten aus!

Tief (Dunkel) - Hoch (Hell)

Wie klingt eine

Wie klingt ein

Was klingt noch **tief** (dunkel) oder **hoch** (hell) ?
Schreibe oder male es hier hinein:

Tief	Hoch

Spiele diese Klänge und Geräusche auf Deiner Gitarre nach!

Kurz - Lang

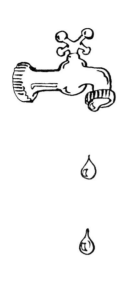

Andere Töne, Klänge oder Geräusche, die **kurz** oder **lang** sind:
Spiele sie auf der Gitarre nach!

Kurz	Lang

Laut - Leise

Andere Töne, Klänge oder Geräusche, die **laut** oder **leise** sind:
Wie klingen sie auf Deiner Gitarre?

Laut	Leise

Wir vertonen eine Bildgeschichte: Eine dicke, schwere, schwarze Wolke

Caroline und Juliane zeigen Dir, wie sie die Gitarre halten.

Probiere es aus! So hast Du sie am besten "im Griff."

Vier Päckchen voll Musik

Unsere ersten Gitarrenstücke
für die rechte Hand

Zwei Viererpäckchen:

Zähle langsam und gleichmäßig immer von 1 bis 4 !

  = Daumen schlägt alle sechs Saiten an.

  = flache Hand klopft auf die Saiten.

Mehrmals wiederholen!

1	2	3	4	1	2	3	4
↑	↑	↑		×	×	×	×

Zwei Dreierpäckchen:

Zähle langsam und gleichmäßig immer von 1 bis 3 !

Mehrmals wiederholen!

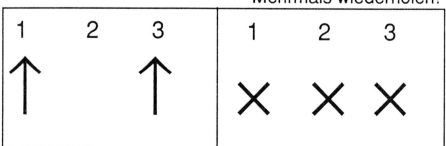

Noch vier gemischte Päckchen

wiederholen!

1.

1	2	3	4
↑	↑	×	×

1	2	3	4
↑	↑	×	

wiederholen!

2.

1	2	3
↑		×

1	2	3
↑	↑	×

Aufgabe:

Schreibe Deine eigenen vier Päckchen
und spiele sie!
Verteile ↑ und ×, wie Du möchtest:

wiederholen!

1.

1	2	3	4

1	2	3	4

wiederholen!

2.

1	2	3

1	2	3

Wir bauen ein großes Tor

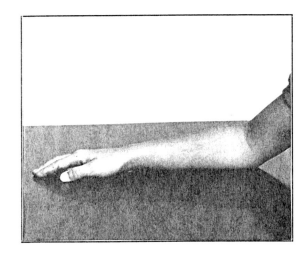
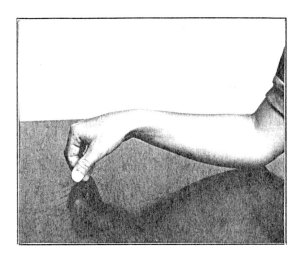

Wir bau´n ein großes Tor,
es wölbt sich hoch empor.
Da schaut aus diesem Tor, o Graus,
ein kleines Fingermonster raus:

"Uaaah!"

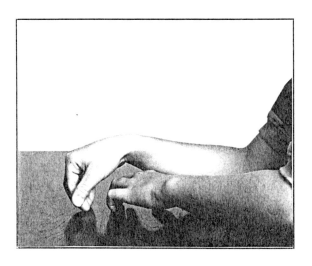

Der Daumenschlag

Der Daumenschlag ist die einfachste Art, einzelne Töne auf der Gitarre zu spielen. Eine kleine Vorübung: Das "Däumchendrehen"

Wir setzen Zeige-, Mittel- und Ringfinger der rechten Hand von vorn auf die höchste Saite. Das Handgelenk wölbt sich empor, so daß das Fingermonster hindurchschlüpfen kann.

Der Daumen schlägt nun, wie beim Däumchendrehen, die tiefste Saite an.

Rundherum, dreh dich rum *

Rund	-	her	-	um,		dreh	dich	rum!
↑		↑		↑		↑	↑	↑

Schön	im	Krei	-	se,	zart	und	lei	-	se:
↑	↑	↑		↑	↑	↑	↑		↑

brumm,	Sai	-	te,	brumm!
↑	↑		↑	↑

* siehe Lehrerbegleitheft S. 27

Acht Päckchen mit Daumenschlag auf der tiefsten Saite:

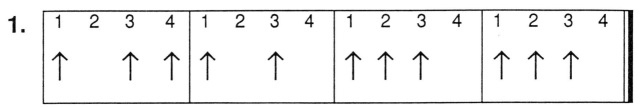

Schreibe Deine eigenen Päckchen und spiele sie:

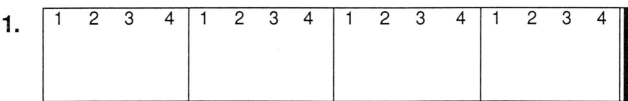

Suchspiel

Trage die Tonnamen unten in die Kreise ein.

Wie heißt der Saitenspruch?

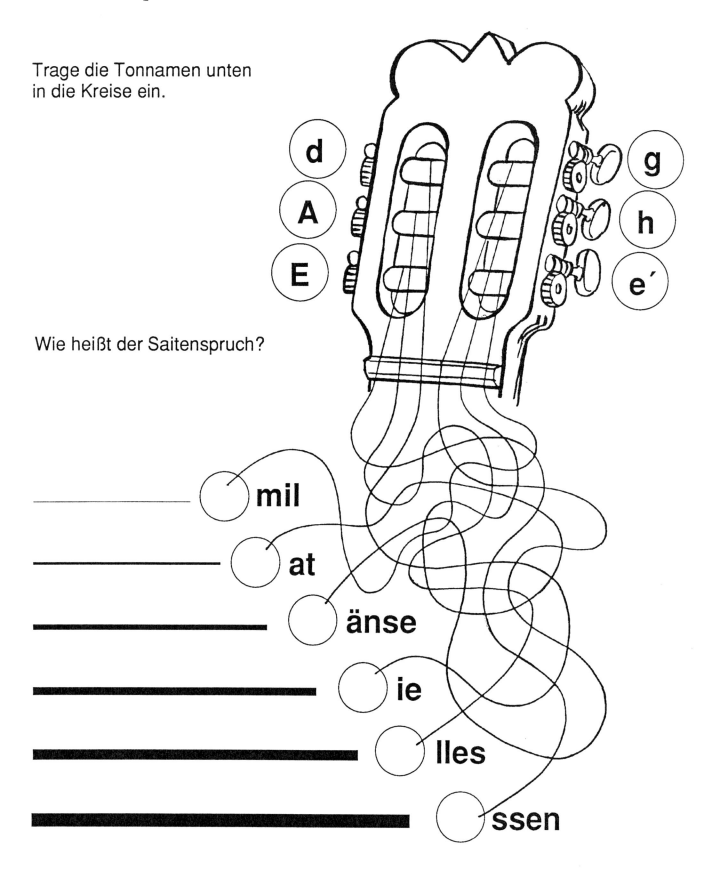

Wir singen und begleiten Lieder

Der Daumenschlag wird meist als Baßbegleitung eingesetzt.

Hopp, hopp, hopp

Der Daumen spielt zwei Baßtöne.

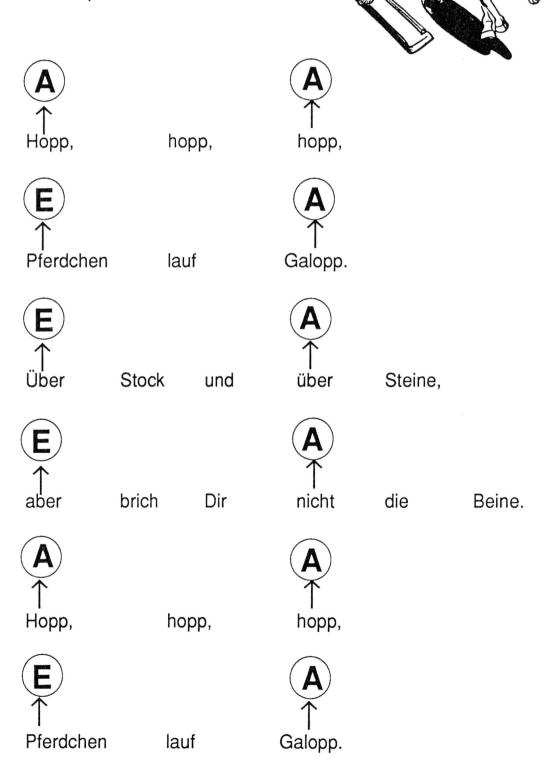

(A) Hopp, (A) hopp, (A) hopp,
(E) Pferdchen lauf (A) Galopp.
(E) Über Stock und (A) über Steine,
(E) aber brich Dir (A) nicht die Beine.
(A) Hopp, (A) hopp, (A) hopp,
(E) Pferdchen lauf (A) Galopp.

Sascha ein Volkslied aus Rußland

Der Daumen spielt drei Baßtöne.

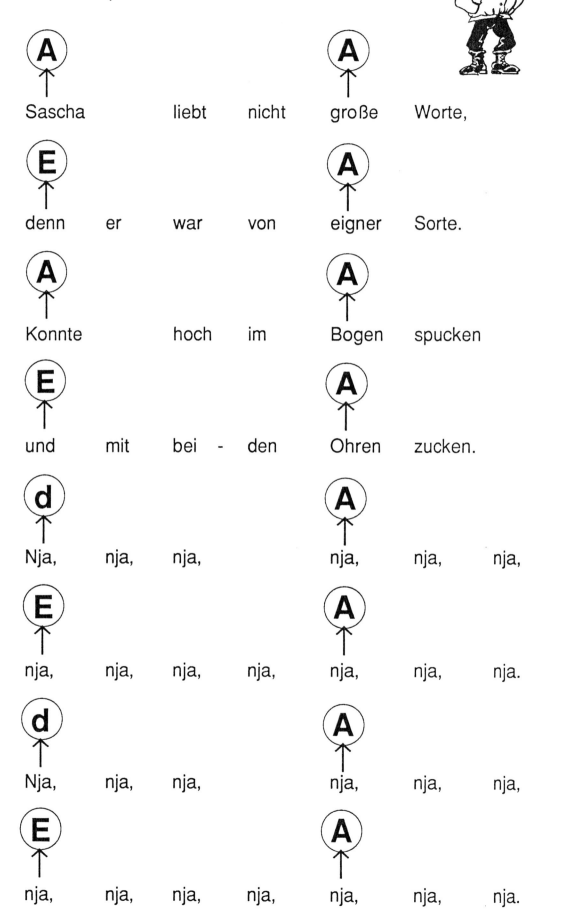

(A) Sascha liebt nicht (A) große Worte,
(E) denn er war von (A) eigner Sorte.
(A) Konnte hoch im (A) Bogen spucken
(E) und mit bei - den (A) Ohren zucken.
(d) Nja, nja, nja, (A) nja, nja, nja,
(E) nja, nja, nja, nja, (A) nja, nja, nja.
(d) Nja, nja, nja, (A) nja, nja, nja,
(E) nja, nja, nja, nja, (A) nja, nja, nja.

Wir singen: **Alle meine Entchen**

und begleiten uns mit den Baßtönen (E), (A) und (d).
Trage in die Kreise die fehlenden Tonnamen ein!
Hör genau hin, wann Du zu einer anderen Saite wechseln mußt!

Der 12- Päckchen Blues

Der Blues entstand vor langer Zeit in Amerika.
Aus ihm hat sich die moderne Rock- und Popmusik entwickelt.

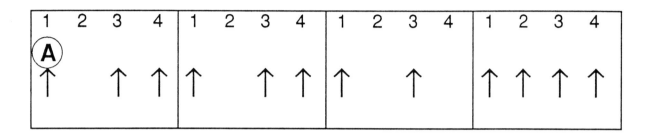

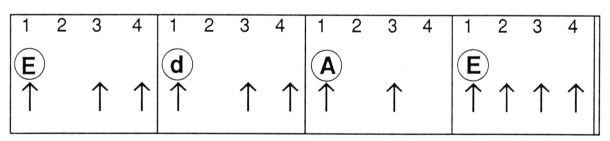

von vorne wiederholen!

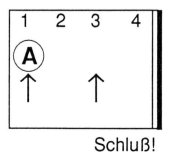

Schluß!

Spazierengehen

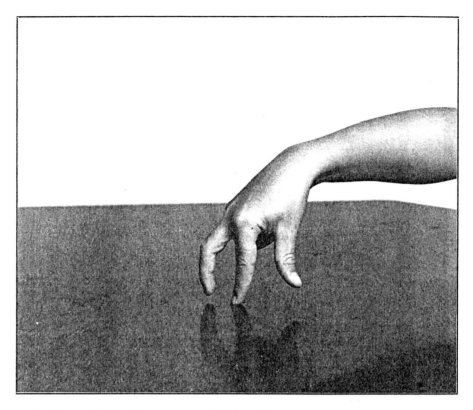

Wir gehen mit dem Zeigefinger und Mittelfinger
der rechten Hand auf dem Tisch spazieren,

mal so schnell wie ein Jogger:　　　　　　　mal so langsam wie ein Opa:

Spaziergang im Wald*

*siehe Lehrerbegleitheft S. 29

Der Wechselschlag

Der Wechselschlag ist eine andere Art, einzelne Töne auf der Gitarre zu spielen. Er wird meist zum Melodiespiel eingesetzt.

Wir setzen den Zeigefinger auf die (h)- Saite. Der Mittelfinger geht nach vorn, schlägt die hohe (e´)- Saite an und legt an der (h)- Saite an. Gleichzeitig geht der Zeigefinger nach vorn.

Wenn nun beide Finger immer im Wechsel anschlagen, dann können wir auf der (e´)- Saite spazierengehen.

Spaziergang auf der (e′) - Saite

Wir spielen mit Wechselschlag auf der (e′) - Saite.
Wie „Spaziergang im Wald":

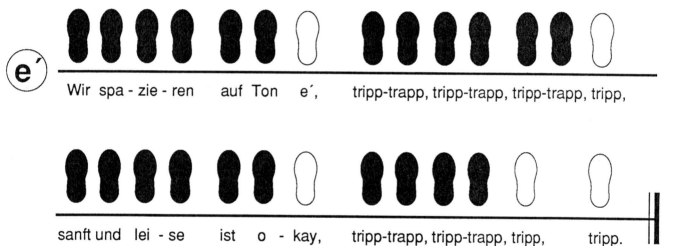

Ein-tönig

Wechselschlag auf der (e′) - Saite.

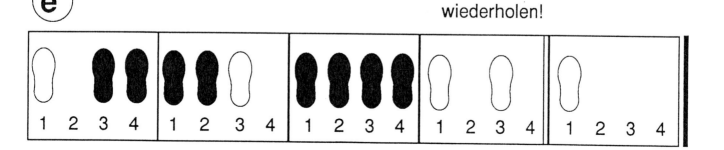

Ein tierisches Vergnügen

Spiele die beiden Zeilen erst einzeln,
dann nacheinander:

Sing mit!

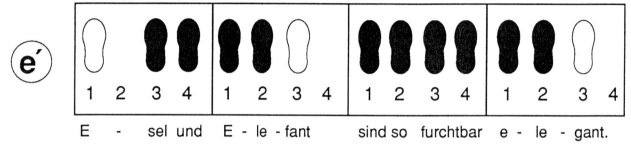

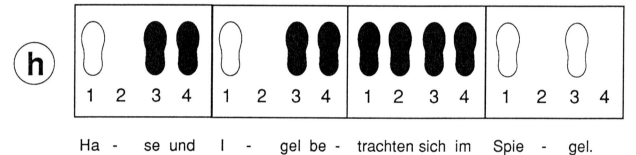

Turmuhr

Paß gut auf, daß die Finger wie beim Spazierengehen immer abwechselnd spielen!

1. und 2. Zeile:
Glockenspiel

3. Zeile:
Die Turmuhr schlägt dreimal

Mittelfinger fängt an!

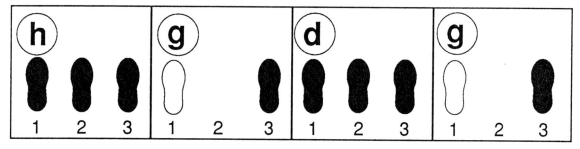

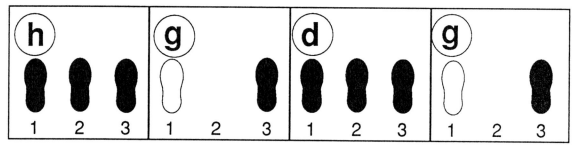

Daumen schlägt alle sechs Saiten an!

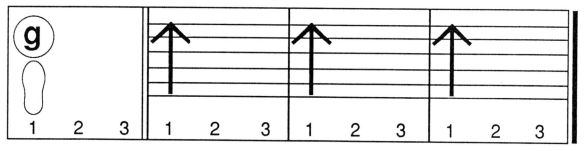

30 Treppauf, treppab

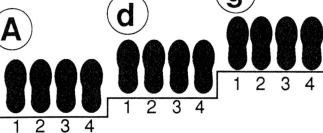
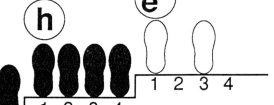
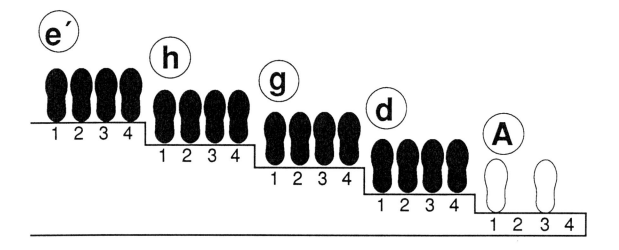
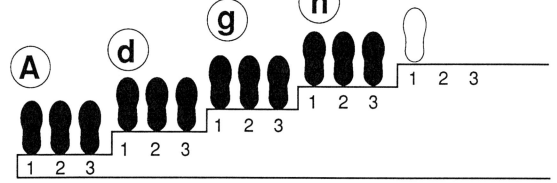
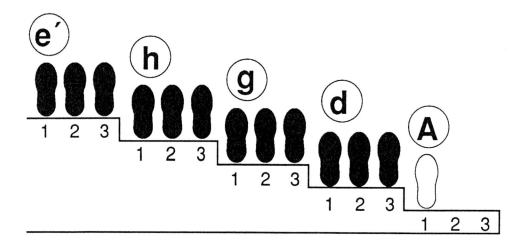

• • • • • • Kurze Töne (wie 👣)

▬ ▬ ▬ Lange Töne

Morsespiel

Aufgabe: Jeder denkt sich eine Reihe von **sechs Tönen** (kurzen und langen) aus, und schreibt sie auf.

Beispiele: • • • • ▬ ▬

oder ▬ • • ▬ • •

Der Morser spielt seine Tonreihe den Mitspielern mehrmals vor (Wechselschlag, (e´) - Saite!).

Die anderen sollen seine Reihe erraten und aufschreiben.

Der Morser überprüft dann, ob seine Nachricht bei allen richtig angekommen ist.

Jeder darf einmal morsen.

Wir können Töne aufschreiben

Dazu brauchen wir fünf Notenlinien:

Hohe Töne werden oben, tiefe Töne werden unten notiert.

Für sehr tiefe Baßtöne gibt es noch „Hilfslinien" (kurze Striche):

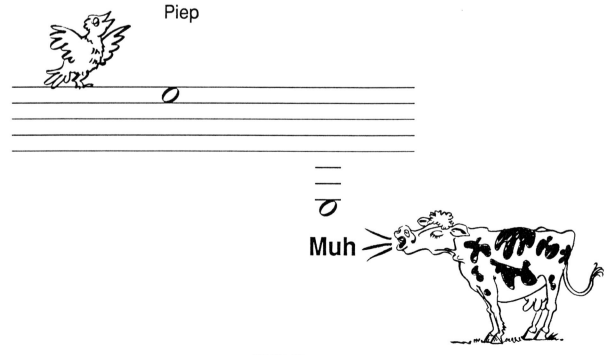

Der Notenschlüssel

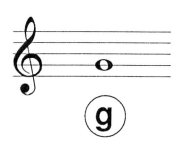

Das ist ein **Notenschlüssel**.

Er schließt die fünf Notenlinien auf.

Der dicke Bauch zeigt uns an, wo die Note (g) liegt:

So werden die Saiten notiert:

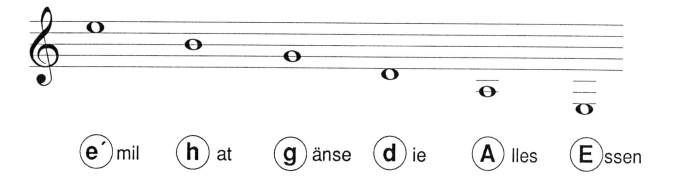

 = Wechselschlag   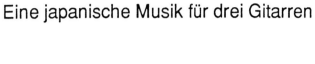 = Daumenschlag

Kon Nichi Wa   „Guten Tag"

Eine japanische Musik für drei Gitarren

Trage in die Kreise die Tonnamen ein!

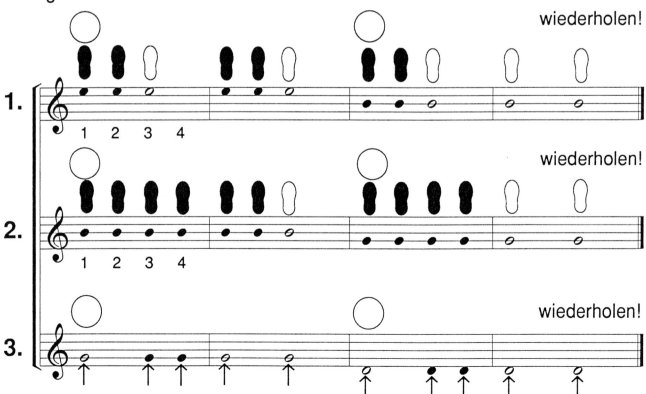

Kurze und lange Töne (Notenwerte)

lassen sich in der Musik genau aufschreiben.

Ein besonders langer Ton wird durch
eine **Ganze Note** dargestellt:

Wir teilen eine Torte: Wir teilen eine Ganze Note:

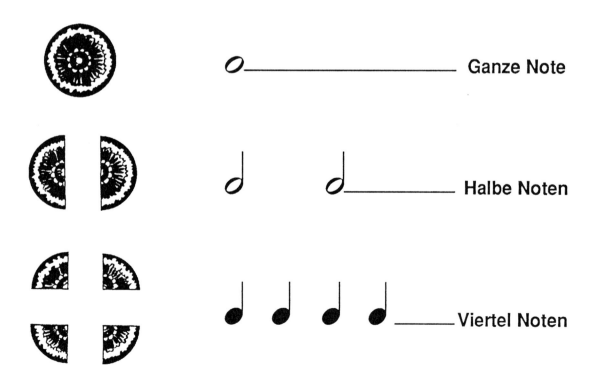

Die Stücke werden kleiner!   Die Töne werden kürzer!

Die **Ganze Note** hat nur einen **Notenkopf**.

Die **Halbe Note** hat noch einen **Notenhals.**

Die **Viertel Note** hat einen **Notenhals** und einen **ausgefüllten Notenkopf.**

Tortenessen

Juliane und Caroline essen jede eine Viertel Torte.
Matthias hat den größten Hunger, er ißt eine Halbe Torte:

Die Torte ist in ihren Bäuchen verschwunden und sie sind satt!

Das Tortenessen in Notenwerte übertragen sieht so aus:

Zwei kleine Rechenaufgaben mit der Torte

Übertrage die Tortenstücke in Notenwerte!

1.
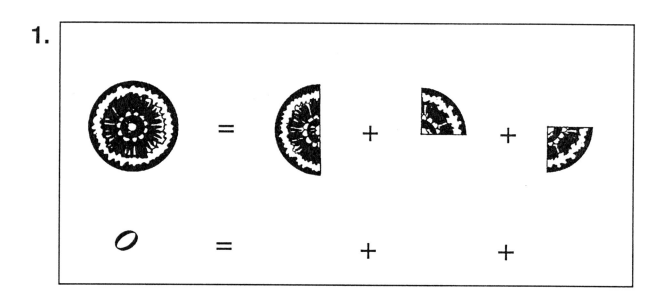

2.
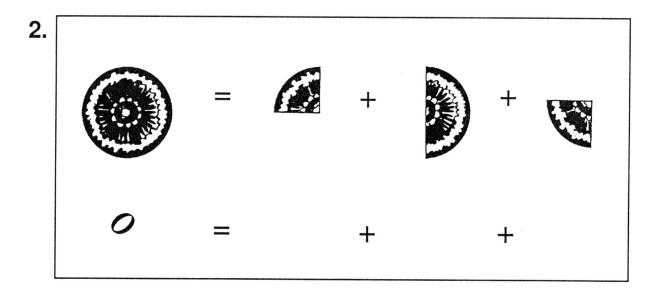

Jede dieser Möglichkeiten wird in der Musik **Takt** genannt.

Mehrere Takte werden durch **Taktstriche** verbunden:

Der Vier-Viertel-Takt

Die **Viertel Noten** sind die **Grundschläge**. Sie werden gezählt:

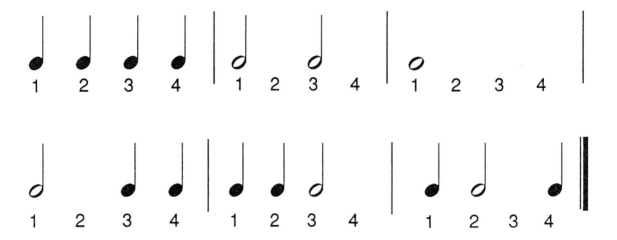

Wir spielen die Takte nacheinander mit Wechsel - oder Daumenschlag. Jeder sucht sich eine Saite aus.

Takte mit vier Grundschlägen heißen **Vier-Viertel- Takte**. Sie werden am Anfang eines Liedes neben dem Notenschlüssel notiert:

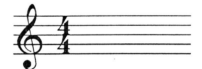

Merke!

Von nun an gilt die Regel:

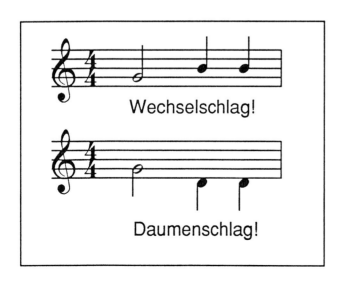

Hase und Igel

Hase und Igel wetten miteinander: wer ist der Schnellste? Sie laufen los. Der Hase rennt und rennt, doch am Ziel steht die Igelfrau in den Kleidern ihres Mannes und ruft: „Bin schon da!"
Den Hasen packt die Wut.

Er rennt zurück, schneller und schneller, doch wieder heißt es: „Bin schon da!" Dieses Spiel wiederholt sich mehrere Male, bis der Hase endlich atemlos aufgibt.

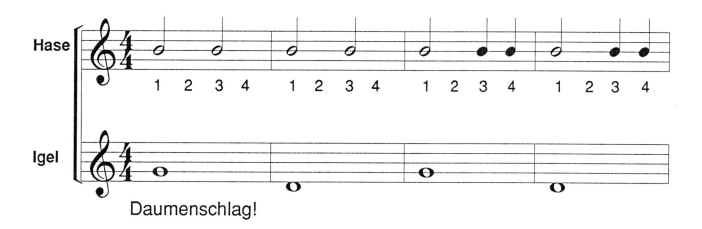

Daumenschlag!

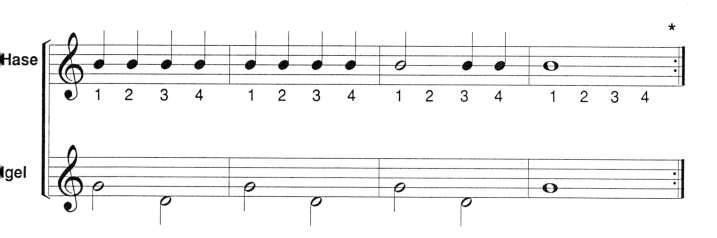

* Wiederholungszeichen

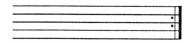

Die Bremer Stadtmusikanten

Ein kleines Gitarrenorchester

Von Haus und Hof verjagt, treffen sich ein Esel, ein Hund, eine Katze und ein Hahn. Der Hund springt auf den Esel, die Katze auf den Hund. Oben drauf stellt sich der Hahn ...

* ▬ Ganztaktpause

.... Sie ziehen hinaus in die weite Welt, um gemeinsam viele Abenteuer zu erleben.

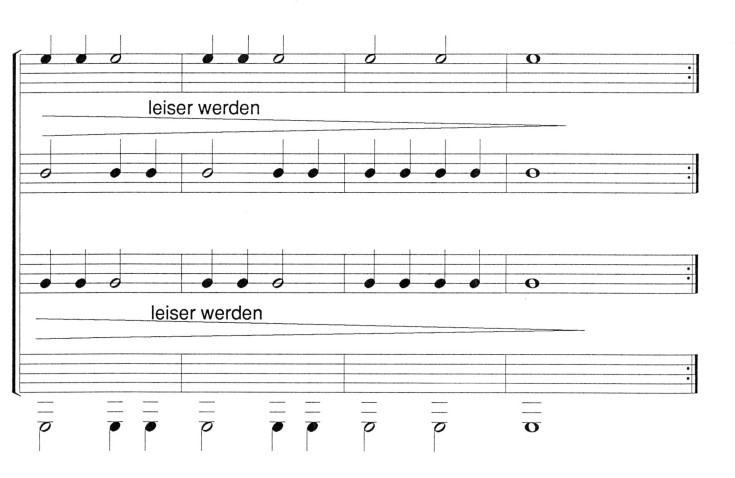

Rutschbahn

1. Zeile:

Langsam steigen wir die Rutschbahn hoch.

2. Zeile:

Wir setzen uns und rutschen mit einem Finger hinunter.

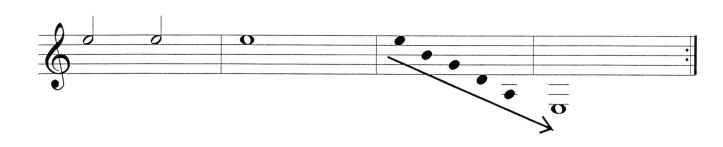

Ping Pong

Ping wird mit dem **Mittelfinger** auf der (e´) - Saite gespielt,

Pong wird mit dem **Zeigefinger** auf der (h) - Saite gespielt.

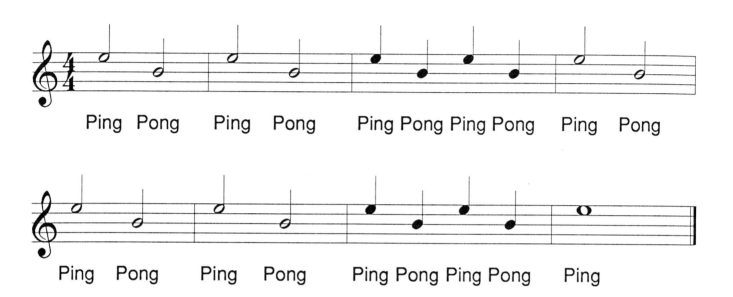

Wie kannst Du „Ping Pong" auch noch ohne Töne auf der Gitarre spielen?

Versucht auch, zu zweit dieses Lied zu spielen:

Der eine macht **Ping** auf der (e´) - Saite,
der andere macht **Pong** auf der (h) - Saite.

Jeder spielt **Wechselschlag !**

China Gong

Schlage den letzten Gong an und laß ihn verklingen (>).
Sei ganz leise, bis Du nichts mehr hörst!

Als Schlagbegleitung kann einer zur Melodie spielen:

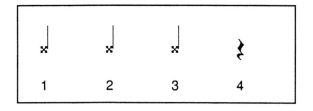

Was ist das?

Verbinde die Punkte 1 bis 32 miteinander:

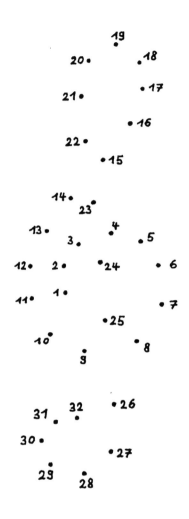

Wie heißen die Töne?   Trage die Tonnamen in die Kreise ein!

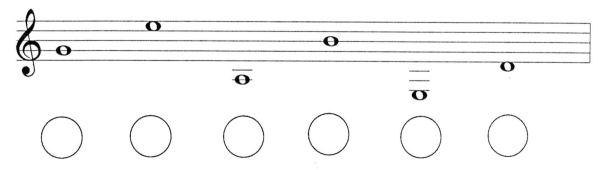

Der Drei-Viertel-Takt

Takte mit drei Grundschlägen heißen Drei-Viertel-Takte.

Sie werden am Anfang eines Liedes neben dem Notenschlüssel notiert:

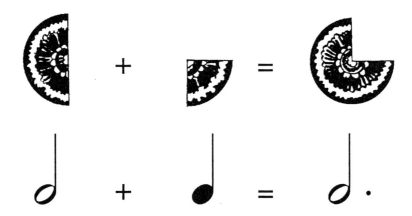

Die 𝅗𝅥. wird **punktierte Halbe Note** genannt und hat drei Grundschläge.

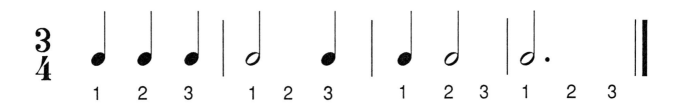

Wir spielen die Takte nacheinander mit Wechsel- oder Daumenschlag.

Jeder sucht sich eine Saite aus.

Spieluhr

Wir ziehen die Spieluhr auf:

Bei jedem Grundschlag (1 2 3) kratzen
wir mit einem Fingernagel auf der tiefen (E) - Saite:

Mehrmals wiederholen und allmählich langsamer werden,
bis die Spieluhr abgelaufen ist.

Wir singen **Weihnachtslieder** und begleiten uns mit **Daumenschlag** nach Noten

Erster Melodieton bei jedem Lied ist (e')

Ihr Kinderlein kommet

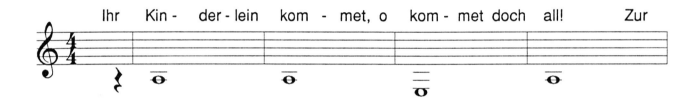

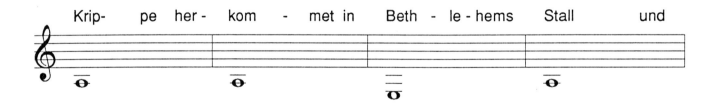

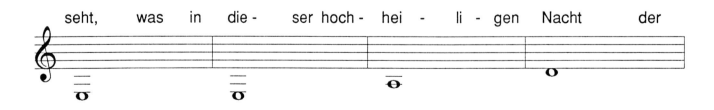

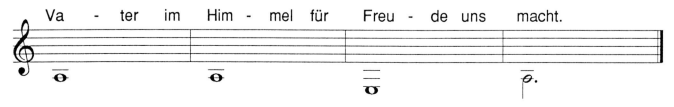

Alle Jahre wieder

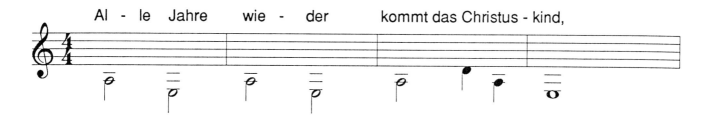

Laßt uns froh und munter sein

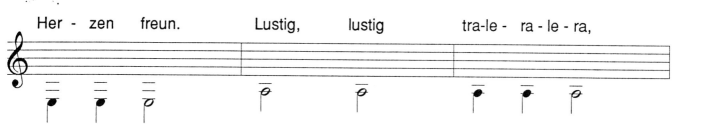

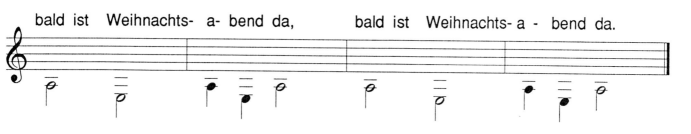

Himpelchen und Pimpelchen

Eine kleine Musikgeschichte

1. Himpelchen und Pimpelchen stiegen auf einen hohen Berg.

2. Himpelchen war ein Heinzelmann ....

3. .... und Pimpelchen war ein Zwerg.

4. Sie blieben lange dort oben sitzen
und wackelten mit ihren Zipfelmützen.

5. Doch nach vielen, vielen Wochen
   sind sie in den Berg gekrochen.

langsam

laut — **leise**

6. Sie schlafen dort in süßer Ruh´,
   seid fein still und hört gut zu.

Erster Spieler: Die flache Hand reibt langsam und
zart auf den Saiten hin und her = atmen!

Zweiter Spieler: Mit einem Fingernagel auf der
tiefen (E) - Saite kratzen = schnarchen!

7. Saite hochheben und gegen das
   Griffbrett schnellen lassen!

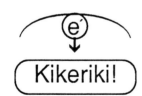  

8. Wir singen:

Heißa - ssa, heißa - ssa, Himpelchen und Pimpelchen sind wieder da!

Ein lustiges Tierlied

auch zum Mitsingen.

> Das Lied beginnt auf dem 4. Grundschlag.
>
> Einen solchen Takt nennt man **Auftakt**.
>
> Auftakt und Schlußtakt bilden zusammen wieder einen vollständigen Takt.

Ergänze die 3. und 4. Strophe!
Vielleicht fallen Dir noch andere lustige Tierverse ein.

1. Der Pin-gu-in, der Pin-gu-in, der läßt sich von dem Eis-bärn ziehn.
2. Das Kro-ko-dil, das Kro-ko-dil, frißt manchmal we-nig, manchmal viel.
3. Das Kän-gu-ruh, das Kän-gu-ruh, ...
4. Der E-le-fant, der E-le-fant, ...
5.
6.

Zwischenspiel nach jeder Strophe!

Das „Linke-Hand-Lied" *

So heißen die Finger der linken Hand:

1	**2**	**3**	**4** ,		linke Hand,
4	**3**	**2**	**1** ,		umgewandt.
1	**2**	**3**	**4** ,		vorn zu sehn,
4	**3**	**2**	**1** ,		wenn wir drehn.

Wir singen gemeinsam das „Linke-Hand-Lied" und tippen während des Zählens mit dem Zeigefinger der rechten Hand auf die richtigen Finger unserer linken Hand.

Bei den Worten klatschen wir auf die Handflächen.

Nach jeder Zeile wird die linke Hand gedreht.

* siehe Lehrerbegleitheft S. 34

Das Fingermonster tanzt Rock´n Roll*

Linke Hand auf dem Tisch:

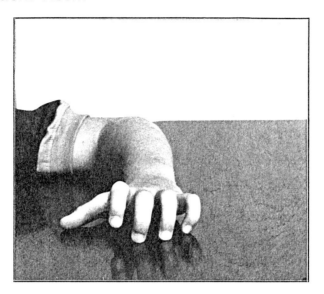

Wir singen:

> 1. Erstes Bein, tanz ganz allein,
>   Rock´n Roll, ja, das ist toll, hey!

Wir klopfen mit dem ersten Finger:

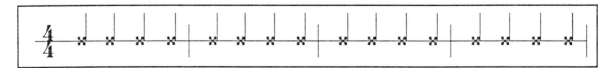

Wir singen:

> 2. Zweites Bein .... 2. Finger klopft!
> 3. Drittes Bein .... 3. Finger klopft!
> 4. Viertes Bein .... 4. Finger klopft!

Versuche auch, mit zwei Fingern gleichzeitig zu klopfen:
1 und 2, 2 und 3, 3 und 4, 1 und 4.

Schwer ist: 1 und 3, 2 und 4.

* siehe Lehrerbegleitheft S. 36

Die Haltung der linken Hand

Das Fingermonster greift auf der (e') - Saite.
Der erste Finger befindet sich im fünften Bund:

Der Daumen liegt gestreckt auf der Rückseite
des Gitarrenhalses, etwa dem 2. Finger gegenüber.

In dieser Grundstellung der linken Hand lassen
wir jetzt das Fingermonster auf der Saite tanzen.

Linke und rechte Hand spielen zusammen

Linke Hand: Grundstellung im 5. Bund auf der (e´)- Saite

Rechte Hand: Wechselschlag!

Probiere aus: Jeder Finger der linken Hand greift einen anderen Ton

Wichtig:

Die abgehobenen Finger schweben dicht über dem Griffbrett. Die Fingerspitzen schauen zur Saite (nicht zur Seite oder nach oben)

Klangzaubereien

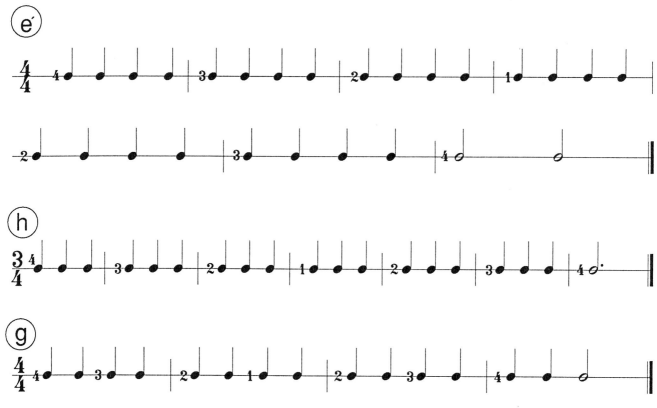

Eine Ballonfahrt

1. Mit dem Ballon, starten wir schon.
   Hoch in die Lüfte treibt sanft uns der Wind.
2. Mit dem Balllon, auf und davon,
   fliegen wir über den Wolken dahin.

Flamenco eine spanische Gitarrenmusik

Zwei kleine Trios (für drei Gitarren)

Grundstellung im 4. Bund

1.

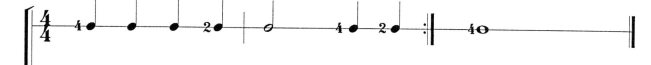

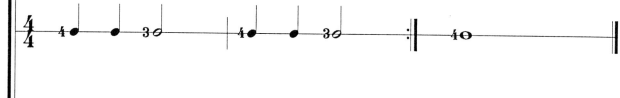

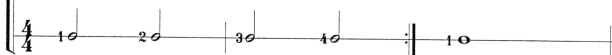

2.

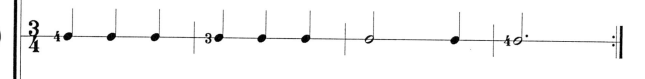

Schreibe selbst zwei kleine Stücke und spiele sie:

Wir ziehen weiter

Grundstellung im 3. Bund

(h)

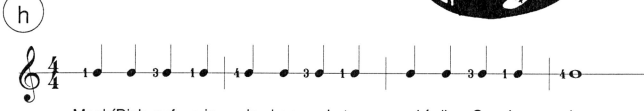

Mach´ Dich auf, wir zie - hen wei - ter, pack´ die Sa - chen ein.

(e´)

Mach´ Dich auf, wir zie - hen wei - ter, was kann schö - ner sein?

(h)

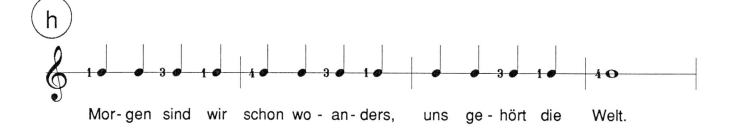

Mor - gen sind wir schon wo - an - ders, uns ge - hört die Welt.

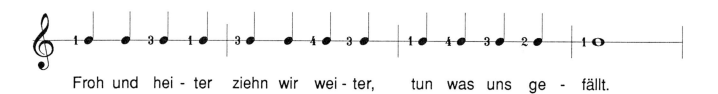

Froh und hei - ter ziehn wir wei - ter, tun was uns ge - fällt.

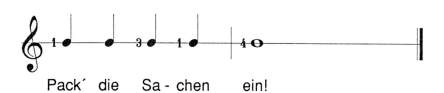

Pack´ die Sa - chen ein!

Es gibt eine Menge gegriffener Töne

Wie sie heißen und wo sie auf der Gitarre gespielt werden,
wollen wir nach und nach kennenlernen.

Die c - Tonleiter

Wir fangen mit einem Ton an.

Der gegriffene Ton **g** liegt auf der (d) - Saite im 5. Bund:

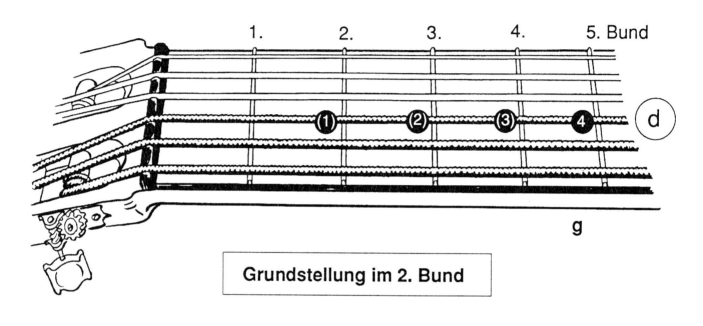

Grundstellung im 2. Bund

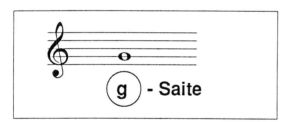

(g) - Saite

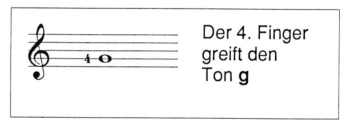

Der 4. Finger greift den Ton **g**

Grau - e Gän - se ga - ckern gern: gi ga gack, gi ga gack.

Vielleicht fällt Dir noch ein anderer lustiger Spruch
mit vielen **g** ein, den Du singen und spielen kannst.

Romanze

leise — laut

laut — leise

Der Ton **e** liegt auf der 1. Notenlinie.

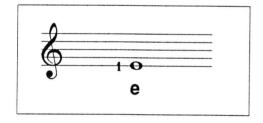

Er wird mit dem 1. Finger
auf der (d) - Saite
im 2. Bund gegriffen.

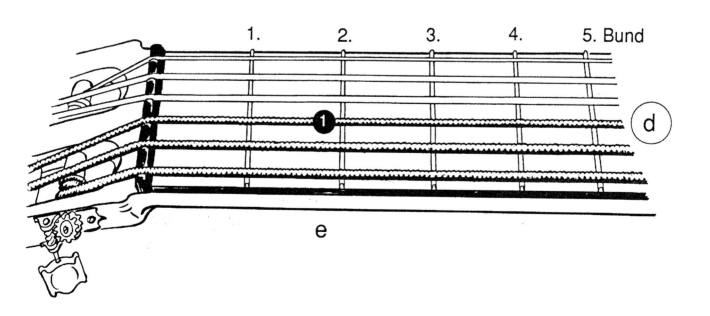

Er - na, Ernst und Er - win   es - sen Erd - beer - eis.

Fällt Dir noch ein anderer lustiger Satz mit vielen **e** ein?

Wir spielen Lieder mit den Tönen:

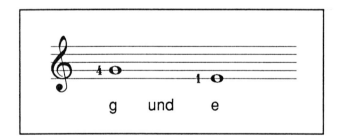

Schneck im Haus

Schneck im Haus,   Schneck im Haus,   stre- cke Dei - ne Hör - ner raus!

Dampfhammer

ein harter Rock für zwei Gitarren

Al - les klar? Al - les klar! Rock-mu-sik ist wun - der - bar.

Daumenschlag!

E - Gi - tar - ren* dröh - nen, Schlag-zeug häm-mert laut.

Es ist wahr, es ist wahr: Rock-mu-sik ist wun - der - bar.

* Gitarren mit elektrischem Anschluß (E= Elektro)

Eine richtige Rockband hat auch einen Schlagzeuger. Als Schlagbegleitung kann einer auf der Gitarre klopfen:

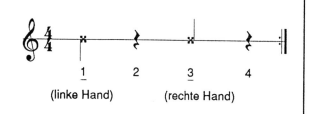

(linke Hand)   (rechte Hand)

Namenlied

An - na und Brit - ta,   O - li - ver und Fe - lix.

Aufgabe:

Schreibe ein eigenes Namenlied! Mit den Tönen **g** und **e** kannst Du auch noch andere Namen spielen. Schreibe es in Dein Notenheft.

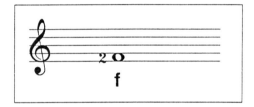

Der Ton **f** liegt zwischen der 1. und 2. Notenlinie.

Er wird mit dem 2. Finger auf der
(d) - Saite im 3. Bund gegriffen.

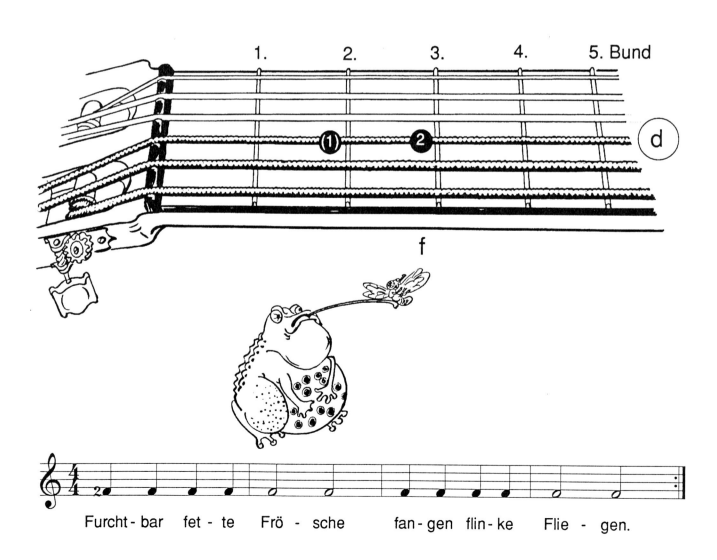

Furcht - bar fet - te Frö - sche   fan - gen flin - ke Flie - gen.

Lieder mit den Tönen:

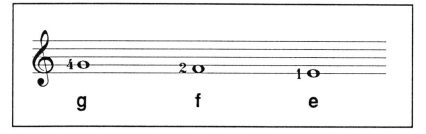

Früh am Morgen ein müder Blues

Früh am Mor- gen steh ich auf, schau aus mei- nem Fen- ster raus.

Seh die Leut' zur Ar- beit gehn, bin noch mü- de und ich gähn.

Früh- stück steht schon auf dem Tisch, Bröt- chen duf- ten warm und frisch.

Schö - ne Fe - rien - zeit!

K&N 1402

Komm mit auf die Reise

Komm mit auf die Rei - se in ein fer - nes Land.

Wel - len tan - zen lei - se an den Mee - res - strand.

Die Gi - tar - ren klin - gen, es tönt un - ser Ge - sang:

Komm mit auf die Rei - se, gib mir Dei - ne Hand.

Lauf, mein Pferdchen, lauf geschwind

Lauf, mein Pferdchen, lauf geschwind, noch viel schnel-ler als der Wind.

Lauf, mein Pferd-chen, lauf ge-schwind, bis im Stall wir sind.

Zwischenspiel: rechte Hand klopft auf die Saiten!

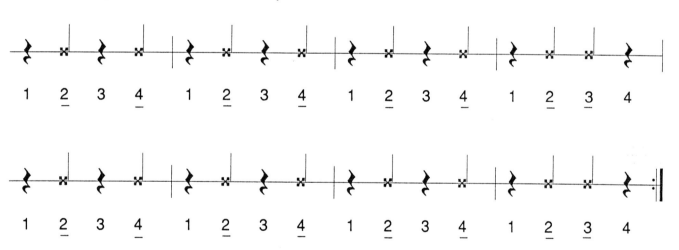

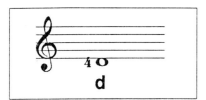

Der Ton **d** liegt unter der 1. Notenlinie.

Er wird mit dem 4. Finger auf der
(A) - Saite im 5. Bund gegriffen.

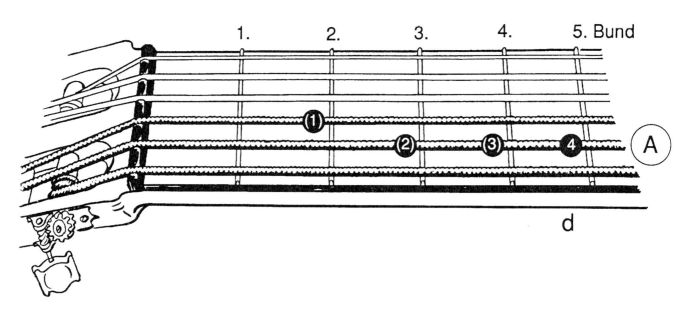

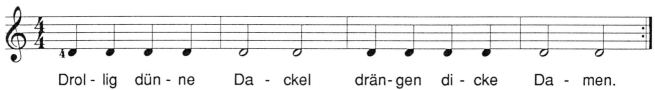

Drol - lig dün - ne Da - ckel drän - gen di - cke Da - men.

Lieder mit den Tönen:

g f e d

Mollig

Beim Saitenwechsel bleibt der 1. Finger auf dem Ton "e" liegen!

Mol - lig, wol - lig, ku - sche - lig, ist mein schwar - zer Ka - ter.

Put - zig, lu - stig, wu - sche - lig, wei - ße Pföt - chen hat er.

Kaminfeuer ein gemütlicher Walzer

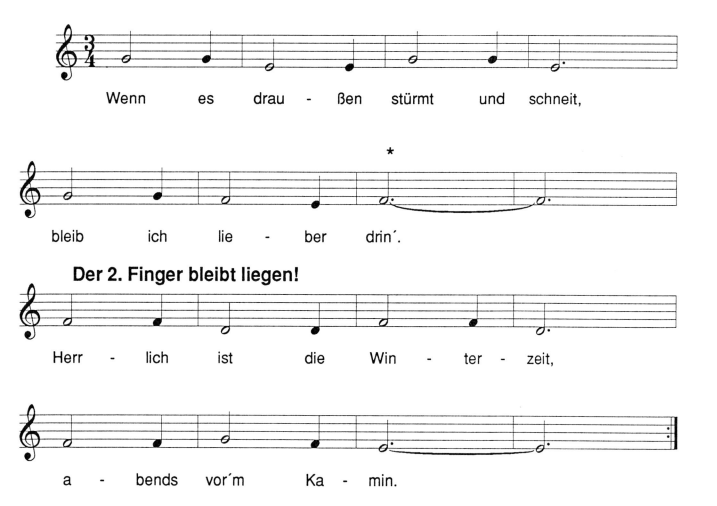

Wenn es drau - ßen stürmt und schneit,

*

bleib ich lie - ber drin´.

Der 2. Finger bleibt liegen!

Herr - lich ist die Win - ter - zeit,

a - bends vor´m Ka - min.

* Beim Haltebogen wird nur der erste Ton angeschlagen.

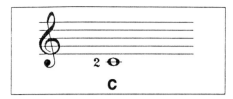

Der Ton **c** liegt auf der 1. Hilfslinie.

Er wird mit dem 2. Finger auf der (A)-Saite im 3. Bund gegriffen.

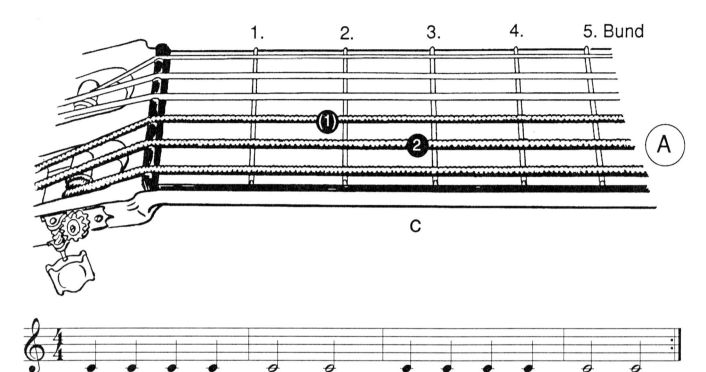

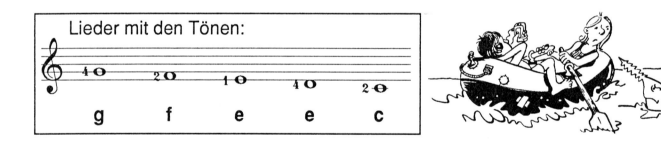

Chris - ti - an und Car - men, Clau - di - a und Con - ny.

Lieder mit den Tönen:

g f e e c

Unser Boot ist wasserdicht

Ein altes Seefahrerlied aus England

schnell

Un - ser Boot ist was - ser - dicht, was - ser - dicht, was - ser - dicht.

Sin - ken wird es si - cher nicht, wir fahrn ü - bern See.

K&N 1402

Hänschen klein

Häns-chen klein, ging al-lein in die wei-te Welt hin-ein.

Stock und Hut stehn ihm gut, Hans ist wohl-ge-mut.

Doch die Mut-ter wei-net sehr, hat ja gar kein Häns-chen mehr.

Da be-sinnt sich das Kind, läuft nach Haus ge-schwind.

Hänsel und Gretel

Hän - sel und Gre - tel ver - lie - fen sich im Wald.

Es war so fin - ster und auch so bit - ter kalt. Sie

ka - men an ein Häus - chen von Pfef - fer - ku - chen fein.

Wer mag der Herr wohl von die - sem Häus - chen sein?

Tohuwabohu ein wüster Rock für zwei Gitarren

Hör - Spiel (mindestens drei Mitspieler)

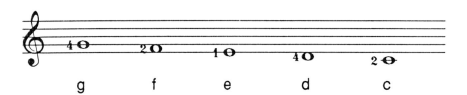

g   f   e   d   c

Jeder sucht sich einen Ton aus.
Setzt Euch so, daß keiner den anderen sehen kann.
Einer fängt an und spielt mit seinem Ton:

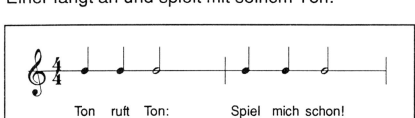

Ton ruft Ton: Spiel mich schon!

wechselt dann zu einem der anderen Töne
und spielt ebenfalls:

Sofort soll der aufgerufene Mitspieler mit seinem
Ton übernehmen und die Reihe fortsetzen.

Beispiel:

1. Spieler: **e**

Ton ruft Ton: Spiel mich schon!

2. Spieler: **g**

und so weiter

Ton ruft Ton: Spiel mich schon!

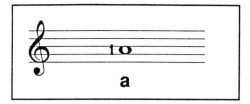

Der Ton **a** liegt zwischen der 2. und 3. Notenlinie.

Er wird mit dem 1. Finger
auf der (g) - Saite
im 2. Bund gegriffen.

Al - le Af - fen al - bern arg - los am A - bend.

Der 1. Finger muß nun öfter die Saite wechseln.
Er kann nicht mehr wie bisher auf dem Ton **e** liegenbleiben.

Wir üben das Wechseln der Saite

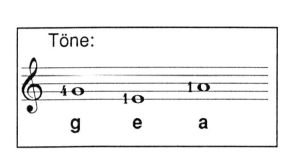

Zi-zi-be

Zi - zi - be,   zi - zi - be, die Son - ne schluckt den   letz - ten Schnee.

Ringel, Ringel, Reihe

Rin - gel, Rin - gel,   Rei - he.   Sind der Kin - der   drei - e,

sit - zen un - term Hol - der - busch, schrei - en   al - le: husch, husch, husch!

Ergänzungsspiele

Trage bei den Fragezeichen die fehlenden Notenwerte ein! (ein ? = ein Ton)

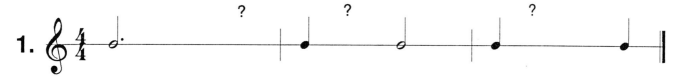

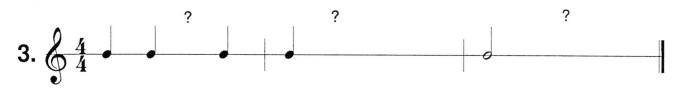

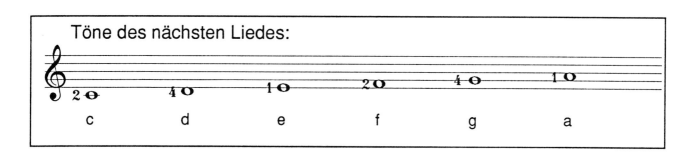

Name? " _____ "

Ergänze die fehlenden Töne, wie Du möchtest:

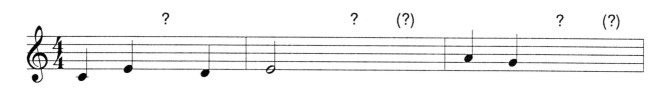

In drei Takten kannst Du wählen:

Um größere Sprünge für die rechte Hand
oder schwierigen Saitenwechsel für die linke Hand zu vermeiden,
werden manchmal die nicht gegriffenen Saiten wieder gespielt.

Wir nennen sie **leere Saiten.**

Sie werden durch eine Null vor der Note gekennzeichnet.

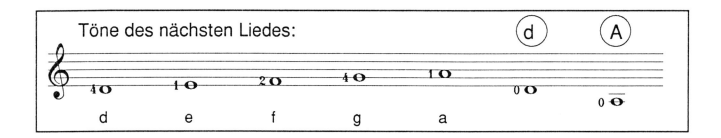

Ohe! ein Piratenlied

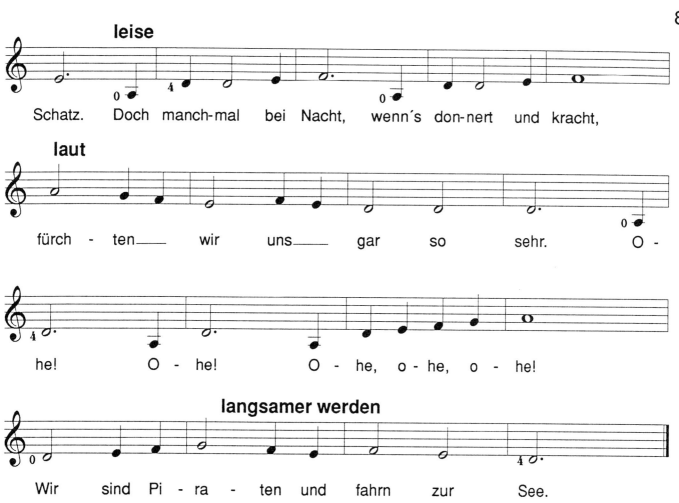

Alle meine Entchen

Ergänze die fehlenden Töne und spiele das Lied:

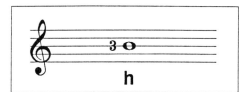

Der Ton **h** liegt auf der 3. Notenlinie.

Er wird mit dem 3. Finger auf der ⓖ - Saite im 4. Bund gegriffen.

Han - ni - bal hat Hun - ger, ho - le hur - tig Ha - fer.

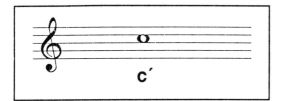

Der Ton **c´** liegt zwischen der 3. und 4. Notenlinie.

Er wird mit dem 4. Finger auf der (g) - Saite im 5. Bund gegriffen.

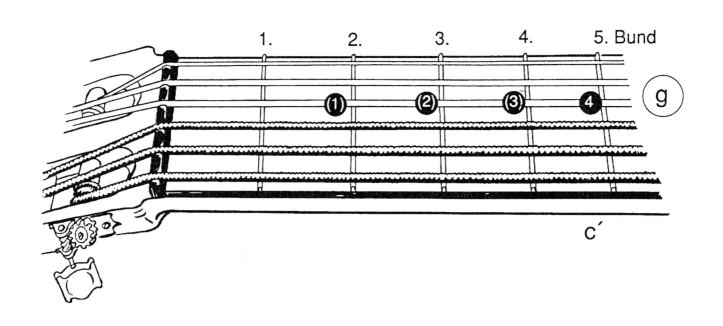

Cä- sar und Cle - o - pa - tra,   Chris- toph und Cä - ci - li - a.

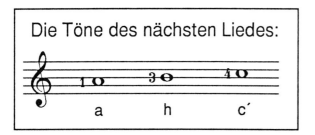

K&N 1402

Fernweh

laut (Wiederholung: leise)

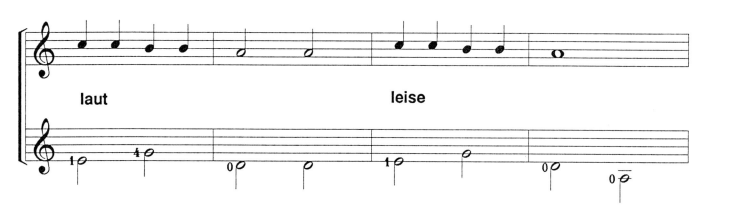

laut　　　　　　　　　　leise

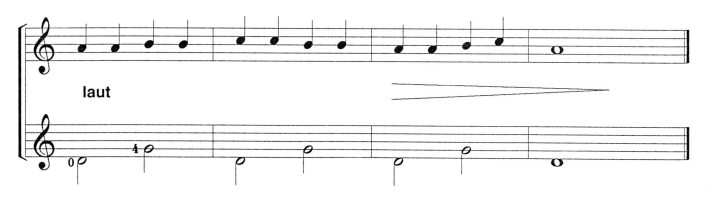

laut

Spanische Nächte

Marsch der Zwerge

laut
Wir sind die Zwer - ge, wir ha - ben bei Nacht,
tief un - ter Ta - ge die Ar - beit voll- bracht.

leise
Lei - se mar- schie - rend, heim - wärts wir zie - hen,
hin - ter die Ber - ge. Dort sind wir Zwer - ge zu

leise

noch leiser werden
Haus, ja, dort ruh´n wir uns aus.

Wir haben nun alle Töne der c - Tonleiter Schritt für Schritt kennengelernt.

Mit diesen acht Tönen werden wir unsere nächsten Lieder spielen.

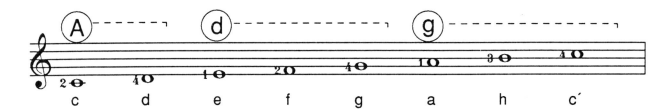

Die c - Tonleiter:

Rauf und Runter

Die c - Tonleiter (c - c´) als:

Tonschlange

Daumenschlag!

Auf der Mauer, auf der Lauer

Auf der Mau-er, auf der Lau-er liegt 'ne klei-ne Wan - ze.

Auf der Mau-er, auf der Lau-er liegt 'ne klei-ne Wan - ze.

Sieh' dir mal die Wan-ze an, wie die Wan-ze tan-zen kann.

Auf der Mau-er, auf der Lau-er liegt 'ne klei-ne Wan - ze.

Spannenlanger Hansel

Span- nen- lan- ger Han- sel, nu- del- di- cke Dirn,

geh'n wir in den Gar- ten, schüt- teln wir die Birn'.

Schüt- tel ich die gro- ßen, schüt- telst du die klein'.

Wenn das Sä- ckel voll ist, geh'n wir wie- der heim.

Fuchs, du hast die Gans gestohlen

Fuchs, du hast die Gans ge-stoh-len, gib sie wie-der her,

gib sie wie-der her. Sonst wird dich der Jä-ger ho-len

mit dem Schieß-ge-wehr,_____ sonst wird dich der Jä-ger ho-len

mit dem Schieß - ge - wehr.

Ritt über die Prärie eine Westernmelodie

im Galopp

Ja, so ein Cow - boy, der hat viel Mut,
ja, so 'nem Cow - boy, dem geht es gut.
Rei - tet und rei - tet durch die Prä - rie,
singt sich ein Lied - chen: Jip - pi - ja, jip - pi, jip - pi jeh.

Hamburger Rock

schnell und laut Text und Musik: R. Kinast

1. Ket - chup, Ma - yon - nai - se, Gur - ken und Sa - lat,
2. ei - ne Schei - be Kä - se, Hack - fleisch und To - mat'.

Un - ten Brot und o - ben, da - zu noch Pommes Frites*, der

Ham - bur - ger ist fer - tig, gu - ten Ap - pe - tit!

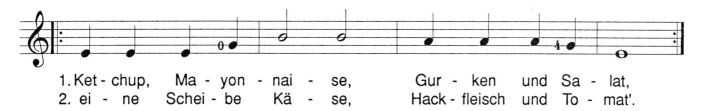

1. Ket - chup, Ma - yon - nai - se, Gur - ken und Sa - lat,
2. ei - ne Schei - be Kä - se, Hack - fleisch und To - mat'.

langsam

Hhm, das schmeckt so gut!

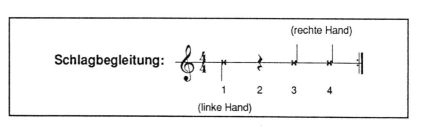

Schlagbegleitung: (rechte Hand) / (linke Hand)

* sprich: Pomm Fritt!

K&N 1402

Jetzt steigt Hampelmann

Jetzt steigt Ham-pel-mann, jetzt steigt Ham-pel-mann aus

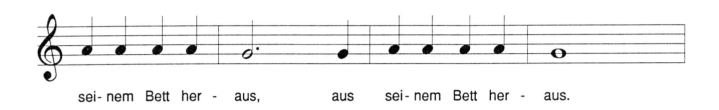
sei-nem Bett her-aus, aus sei-nem Bett her-aus.

O, du mein Ham-pel-mann, mein Ham-pel-mann bist du!

Wir fahren nach Jerusalem

Wir nehmen Abschied von Gitarronien,
vom Land, in dem die Gitarren klingen.

Hoffentlich hat Dir die Reise ein wenig Spaß gemacht.
Du hast sicher eine Menge gelernt,
und wir haben gemeinsam viel erlebt.

Wir kehren aber nicht um,
sondern setzen unsere Reise fort.
Es gibt noch mehr zu entdecken:
andere Töne, Noten und Tonleitern
mit neuen Melodien und Liedern.

Also, pack Deine Reisesachen zusammen
und nimm wieder gute Laune und etwas Zeit mit.

Jeder Abschied ist ein neuer Anfang.

Komm mit auf die Reise.

Abschiedsmelodie

hell, will uns wei - sen zum neu - en Tag und zu

leiser werden

neu - em Land. 1.Wir
2.Leb - wohl, leb - wohl, auf

Wie - der - sehn, leb - wohl, leb - wohl.

K&N 1402

Inhalt (Spiele und Lieder)

Abschiedsmelodie	R. Kinast	98	Ihr Kinderlein kommet	Weihnachtslied	48
Alle Affen albern	R. Kinast	77	Jetzt steigt Hampelmann	Kinderlied	96
Alle Jahre wieder	Weihnachtslied	49	Kaminfeuer	R. Kinast	71
Alle meine Entchen	Volkslied	22/ 82	Klangzaubereien	R. Kinast	56
Auf der Mauer, auf der Lauer	Kinderlied	90	Komm mit auf die Reise	R. Kinast	68
China Gong	R. Kinast	44	Laßt uns froh und munter sein	Weihnachtslied	49
Dampfhammer	R. Kinast	65	Lauf mein Pferdchen	Volkslied	69
Das linke Hand-Lied	R. Kinast	53	Namenlied	R. Kinast	66
Drollig dünne Dackel	R. Kinast	70	Marsch der Zwerge	R. Kinast	87
Ein lustiges Tierlied	R. Kinast	52	Mollig	R. Kinast	70
Ein tierisches Vergnügen	R. Kinast	28	Ohe!	R. Kinast	80
Eine Ballonfahrt	R. Kinast	57	Ping Pong	R. Kinast	43
Ergänzungsspiele	R. Kinast	79	Rauf und runter		88
Erna, Ernst und Erwin	R. Kinast	64	Ringel, Ringel, Reihe	Kinderlied	78
Es regnet	Volkslied	94	Ritt über die Prärie	R. Kinast	93
Fernweh	R. Kinast	85	Romanze	R. Kinast	63
Flamenco	R. Kinast	58	Rundherum	R. Kinast	17
Früh am Morgen	R. Kinast	67	Sascha liebt nicht	Volkslied	21
Fuchs, du hast die Gans gestohlen	Kinderlied	92	Spannenlanger Hansel	Volkslied	91
Furchtbar fette Frösche	R. Kinast	66	Spanische Nächte	R. Kinast	86
Graue Gänse gackern gern	R. Kinast	62	Tohuwabohu	R. Kinast	75
Hamburger Rock	R. Kinast	95	Tonschlange		89
Hänschen klein	Kinderlied	73	Unser Boot ist wasserdicht	Volkslied/ Engl.	72
Hänsel und Gretel	Kinderlied	74	Wir fahren nach Jerusalem	Volkslied	97
Himpelchen und Pimpelchen	R. Kinast	50	Wir ziehen weiter	R. Kinast	60
Hopp, hopp, hopp	Volkslied	20	Zi-zi-be	Volkslied	78
Hör - Spiel	R. Kinast	76			